国家出版基金项目
NATIONAL PUBLICATION FOUNDATION

记住乡愁
——留给孩子们的中国民俗文化

刘魁立◎主编

民间游戏辑

冰雪游戏

本辑主编 陈连山

徐 畅◎编著

黑龙江少年儿童出版社

编委会

序

　　亲爱的小读者们，身为中国人，你们了解中华民族的民俗文化吗？如果有所了解的话，你们又了解多少呢？

　　或许，你们认为熟知那些过去的事情是大人们的事，我们小孩儿不容易弄懂，也没必要弄懂那些事情。

　　其实，传统民俗文化的内涵极为丰富，它既不神秘也不深奥，与每个人的关系十分密切，它随时随地围绕在我们身边，贯穿于整个人生的每一天。

　　中华民族有很多传统节日，每逢节日都有一些传统民俗文化活动，比如端午节吃粽子，听大人们讲屈原为国为民愤投汨罗江的故事；八月中秋望着圆圆的明月，遐想嫦娥奔月、吴刚伐桂的传说，等等。

　　我国是一个统一的多民族国家，有 56 个民族，每个民族都有丰富多彩的文化和风俗习惯，这些不同民族的民俗文化共同构筑了中国民俗文化。或许你们听说过藏族长篇史诗《格萨尔王传》

中格萨尔王的英雄气概、蒙古族智慧的化身——巴拉根仓的机智与诙谐、维吾尔族世界闻名的智者——阿凡提的睿智与幽默、壮族歌仙刘三姐的聪慧机敏与歌如泉涌……如果这些你们都有所了解，那就说明你们已经走进了中华民族传统民俗文化的王国。

你们也许看过京剧、木偶戏、皮影戏，看过踩高跷、耍龙灯，欣赏过威风锣鼓，这些都是我们中华民族为世界贡献的艺术珍品。你们或许也欣赏过中国古琴演奏，那是中华文化中的瑰宝。1977年9月5日美国发射的"旅行者1号"探测器上所载的向外太空传达人类声音的金光盘上面，就录制了我国古琴大师管平湖演奏的中国古琴名曲——《流水》。

北京天安门东西两侧设有太庙和社稷坛，那是旧时皇帝举行仪式祭祀祖先和祭祀谷神及土地的地方。另外，在北京城的南北东西四个方位建有天坛、地坛、日坛和月坛，这些地方曾经是皇帝率领百官祭拜天、地、日、月的神圣场所。这些仪式活动说明，我们中国人自古就认为自己是自然的组成部分，因而崇信自然、融入自然，与自然和谐相处。

如今民间仍保存的奉祀关公和妈祖的习俗，则体现了中国人崇尚仁义礼智信、进行自我道德教育的意愿，表达了祈望平安顺达和扶危救困的诉求。

小读者们，你们养过蚕宝宝吗？原产于中国的蚕，真称得上伟大的小生物。蚕宝宝的一生从芝麻粒儿大小的蚕卵算起，中间经历蚁蚕、蚕宝宝、结茧吐丝等过程，到破茧成蛾结束，总共四十余天，却能为我们贡献约一千米长的蚕丝。我国历史悠久的养蚕、丝绸织绣技术自西汉"丝绸之路"诞生那天起就成为东方文明的传播者和象征，为促进人类文明的发展做出了不可磨灭的贡献！

小读者们，你们到过烧造瓷器的窑口，见过工匠师傅们拉坯、上釉、烧窑吗？中国是瓷器的故乡，我们的陶瓷技艺同样为人类文明的发展做出了巨大贡献！中国的英文国名"China"，就是由英文"china"（瓷器）一词转义而来的。

中国的历法、二十四节气、珠算、中医知识体系，都是中华民族传统文化宝库中的珍品。

让我们深感骄傲的中国传统民俗文化博大精深、丰富多彩，课本中的内容是难以囊括的。每向这个领域多迈进一步，你们对历史的认知、对人生的感悟、对生活的热爱与奋斗就会更进一分。

作为中国人，无论你身在何处，那与生俱来的充满民族文化DNA的血液将伴随你的一生，乡音难改，乡情难忘，乡愁恒久。这是你的根，这是你的魂，这种民族文化的传统体现在你身上，是你身份的标识，也是我们作为中国人彼此认同的依据，它作为一种凝聚的力量，把我们整个中华民族大家庭紧紧地联系在一起。

《记住乡愁——留给孩子们的中国民俗文化》丛书，为小读者们全面介绍了传统民俗文化的丰富内容：包括民间史诗传说故事、传统民间节日、民间信仰、礼仪习俗、民间游戏、中国古代建筑技艺、民间手工艺……

各辑的主编、各册的作者，都是相关领域的专家。他们以适合儿童的文笔，选配大量图片，简约精当地介绍每一个专题，希望小读者们读来兴趣盎然、收获颇丰。

在你们阅读的过程中，也许你们的长辈会向你们说起他们曾经的往事，讲讲他们的"乡愁"。那时，你们也许会觉得生活充满了意趣。希望这套丛书能使你们更加珍爱中国的传统民俗文化，让你们为生为中国人而自豪，长大后为中华民族的伟大复兴做出自己的贡献！

亲爱的小读者们，祝你们健康快乐！

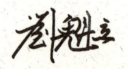

二〇一七年十二月

目 录

冰雪游戏的起源

| 冰雪游戏的起源 |

冰雪上的游戏拥有非常悠久的历史。在中国新疆最北部的阿勒泰地区，曾发现画有类似利用滑雪用具追逐野兽的岩画，属于旧石器时代晚期的作品，距今至少有1.2万年或更早。另外，挪威北部的一个小岛上发现过一幅距今5000多年的岩画，上面画着一个穿着巨大滑雪板的人。

中国唐代的史籍《隋书·北狄传》中，记载了生活在嫩江流域、大兴安岭地区以射猎为生的室韦人，害怕因积雪过多而误入捕兽用的陷阱里，便"骑木"而行，类似于今日滑雪的形式，可见距今1400多年前，室韦人就已经掌握了类似于现在的滑雪技巧。

滑雪运动还曾出现在古挪威等北欧各国的神话故事中。渥鲁被誉为"冬神"，安德瑞蒂斯被誉为"滑雪女神"，他们经常乘着前端弯曲的雪具，往返于山岭之间。

有关冰雪游戏的起源众说纷纭。我们无法穿越到古代，因此不能简单地给出判断，更何况其间还有复杂的社会历史背景和文化规律。根据现有的一些材料，可以推测冰雪游戏的源头跟人们生产生活中的几个需要有关。

一、狩猎果腹的需要

冰雪游戏产生于人们生产生活的需要，尤其是与狩猎密切相关的活动。

新疆阿勒泰岩画绘有一排7个人，其中4个人尾随着牛马等动物，这说明原始人滑雪是在追赶动物。在我国古代，居住在黑龙江流域的少数民族就利用木制的滑雪工具追逐野兽，他们把这种工具叫作"木马"。唐代居住在额尔古纳河至阿尔泰山一带的回鹘人，在冰雪环境中也同样在脚下系上木板，用木杖支在腋下，在冰雪上迅速滑行，追逐奔跑异常迅速的麋鹿。

在西方，面对常年积雪的环境，居住在斯堪的纳维亚半岛的人们，发明了一种在雪地里的行走方法——他们用带子将木板绑在脚上，用来防止双脚陷入雪中，这便是西方滑雪工具的雏形。

二、交通的需要

严寒地区的道路，一年大部分时间都被冰雪覆盖，人们在冰面或积雪上行走困难且速度缓慢，给人们的生活带来了极大不便。在中国唐朝的典籍《隋书·北狄传》中记录："北室韦，地多积雪，惧陷坑井，骑木而行。"意思是说少数民族居住的地区气候寒冷，冬天积

| 古阿勒泰人滑雪狩猎 |

雪的厚度会使人行进陷入困境，所以需要足踏类似于滑雪板的木板，在冰雪中行走，这样不仅可以大大提高行进速度，而且可以防止双脚陷入厚雪中。

在我国北方人们的生活中，"爬犁"也是冰天雪地里一种重要的交通工具。"爬犁"就是利用人力或动物拉动的在冰雪上滑引的一种没有轮子的交通工具，也称雪橇。使用爬犁可以提高行进速度、方便运输。

在西方，荷兰人为了能在冰上走得更快，发明了木制的爬犁作为冰面上的运输工具。渐渐地人们发现动物的骨头比木头的滑行速度更快，便把动物的胫骨磨成光滑的底面，用皮带将两头钻孔，将打磨后的胫骨绑在鞋上，借助手杖支撑滑行，最早的冰刀就这样产生了。直到今天，荷兰语中冰刀和胫骨仍是一个词，早期日耳曼语"冰刀"一词的原意也是胫骨或腿骨。

三、战争的需要

战争中，行军速度对军队战斗力影响很大，因此提升行军速度、抢占先机是战争胜利与否的关键环节。

据说在中国古代金太祖完颜阿骨打时期（1068—1123），便出现了将木块下面绑上铁棍的冰上滑行工具。民间有这样一则传说：

女真领袖、金太祖完颜阿骨打联合女真族各个部落一起举兵反辽。辽军重兵驻守在松花江与伊通河的交汇处——宾州。相比之下，金太祖完颜阿骨打只有三千兵马，他们安营驻扎在松花江边。一天晚上，只见十几个女真族的小阿哥，每人背着狍皮口袋，脚底发出"哧——哧"的响声，飞快地来到阿骨打面前报告打探的军情。阿骨打觉得奇怪，为什么他们的速度那么快呢？阿骨打仔细观察后发现，他们穿着的狍皮靴子下用鹿皮筋绑了一块小木头，木块下面有小铁棍，阿骨打眼前一亮，便急令工匠打造一千副与之类似的冰滑子，下令士兵们穿上它们，夜袭宾州。士兵们晚上出发，飞速滑行，不到早上便到达目的地。阿骨打下令攻进宾州时，辽帅和士兵们还在睡大觉，根本来不及反击，被阿骨打打了个措手不及。阿骨打制作冰滑子并利用冰雪加快行军速

| 古俄罗斯人和立陶宛人的战争 |

度，以此抢占先机，以少胜多，最终取得了战争的胜利。冰上的行走技巧，对女真人的后续作战产生了重要影响。

在国外，也有类似的故事。1206 年，挪威爆发内战，王国的一半势力想要杀死国王的私生子。在这个紧急时刻，国王手下两个善于滑雪的忠臣托陆斯登·谢布拉和谢尔发罗·斯格尔于危难时刻在城堡中救出了当时只有两岁的王子哈康。滑雪翻越高山，从而摆脱了乱军的追杀，并将他抚养成人。后来哈康回到祖国，登基成为了挪威的君王——哈康四世。

在第一次世界大战期间，滑雪部队发展得很快，法国、德国、奥地利都成立了高山滑雪部队。可见在军事中，滑雪起到的重要作用。

| 托陆斯登·谢布拉和谢尔发罗·斯格尔滑雪救出王子 |

| 挪威士兵在滑雪 |

|我军某步兵
连组织的滑雪
训练|

因此，冰雪游戏的雏形，是生活在北方的智慧先民面对终年积雪与冰冻，发明出的有利于生产生活的器具和技巧，例如滑雪、滑冰。

岁月的长河里，人们的生活方式慢慢地发生着改变，那些原本具有实用功能的器具和技巧，逐渐转变为带有游戏性质的冰雪活动，人们开始追求速度、竞技、优美的姿态，于是便慢慢形成了滑雪、滑冰等冰雪运动，也奠定了现代冰雪运动的基础。对于孩子们而言，这些活动逐渐衍生出了更多有趣的小游戏。

活态的冰雪活动：阿勒泰之偶遇

| 活态的冰雪活动：阿勒泰之偶遇 |

一、阿勒泰的偶遇

2005 年的某一天，一位新疆阿勒泰市的老牧民像平日一样放牧，在追赶羊群的过程中，牧民偶然发现了一块形状独特的大岩石。牧民觉得好奇，便走上前，蹲下身子俯瞰，映入眼帘的岩石上竟然画着人和动物图案。牧民敏锐地察觉到这块岩石的与众不同，他兴奋得不得了，便赶快跑回去报告了乡政府。可惜的是，这个惊人发现在当时并没有引起人们太多关注。时过境迁，随着考察岩画的国内外专家学者逐渐增多，人们慢慢认识到了它的价值和意义。可令人

遗憾的是，该岩画真正被世界冰雪界重视时，当初那位发现"瑰宝"的老牧民已经去世了。

| 敦德布拉克岩画 |

| 郭德布拉克岩画局部 |

这块岩画被命名为"敦德布拉克岩画"。因其位于新疆阿勒泰汗德尕特蒙古自治乡东北约4千米的敦德布拉克河上游沟谷中。岩画被绘在一块凸起的大石头上，需要蹲下身子俯瞰。岩画上绘有一排7个人，其中4个人尾随着牛马等动物，有3个人弯着腰，脚踩在一条很像滑雪板的长条形物件上，他们做着类似滑雪的动作。整幅图画轮廓清晰，造型简洁，形象生动。专家学者们称，岩棚由常年风雨侵蚀而形成。岩棚里凹凸不平，他们推测这应是古时候猎人们临时歇脚、遮风避雨的场所。从考古、草原文化和岩画角度，将敦德布拉克滑雪狩猎岩画与法国、西班牙的岩画进行比较后，人们推测岩画的年代属于旧时器时代晚期，距今约1.2万年或更早。

众所周知，人类在冰雪上的活动历史非常悠久。一直以来人们普遍认为滑雪运动起源于欧洲的斯堪的纳维亚半岛，这是因为在西方曾经发现过许多跟冰雪活动有关的历史遗物或岩画。例如在瑞典和芬兰的沼泽地带，发现过古代的滑雪板，经过检测，它们被断定是四五千年前的遗物；挪威一个北极圈附近的小岛上，有一幅公元前2000多年的岩画，岩洞的岩壁上画着两个脚踩类似滑雪器具、手持棍棒正在打猎的男人。另外"滑雪"这个词，在古挪威语中译为"Skith"，意思就是"雪鞋"，而"Ski"（滑雪板）这个词也起源于古挪威语的"Skith"一词，意为劈开一片木材，跟滑雪的用具关系密切。

2005 年的这场偶然发现，让全世界把目光转向了中国新疆阿勒泰。2015 年，在中国阿勒泰国际滑雪文化交流研讨会上，来自挪威、瑞典、芬兰等 18 国的 30 位滑雪历史研究专家联合发表了《阿勒泰宣言》，共同宣布中国新疆阿勒泰市是世界上最古老的滑雪起源地。

二、勃发生机的阿勒泰滑雪

现代西方把滑雪作为一项竞技运动，大家热衷于较量速度、难度。新疆阿勒泰的滑雪运动有一个特别之处，就是传统的滑雪技术、滑雪板制作技艺和滑雪歌谣在当下的生活中依然被传承着。

在阿勒泰，有些居民是制作滑雪板的能工巧匠。这里的蒙古族、哈萨克族牧民用动物毛皮和木板自制滑雪板，当地人称"毛雪板"，方言发音"察纳"。滑板一

|阿勒泰居民制作滑雪板|

|阿勒泰居民的滑雪板|

马前腿外侧的毛皮，因为这一块皮上的毛都是顺着长的，这样才能使滑雪板向前滑行时顺着，向后踩蹬或上坡时逆着，防止雪板向后倒滑，体现能下滑更能上走的特点。

祖先的手工艺和滑雪技巧，今天仍然体现在当地人的生活中。当脚踏着自制的"毛雪板"、手持单木杆在雪地滑行时，便是他们与祖先的最好的对话。与欧洲滑雪用具的工业化、滑雪的娱乐化相比，阿尔泰的滑雪用具与滑雪运动扎根在生活中，不分贵贱、不分年龄、不分种族，活生生地存在着，这一切让阿尔泰的滑雪运动显得更加充满生机。

三、流传千年的歌谣

"滑雪狩猎民谣"是从

般用松木制成，最好的原料是白松与红松。滑板做成后，要将毛皮附在制作好的滑板坯子上。毛皮一般选用成年新疆阿勒泰市汗德尕特乡乌梁海蒙古族中挖掘整理出来的口传诗歌，具有千年历史。千百年传唱的民谣，道出了当地人们对滑雪、生活的真挚爱意。

|展示古老滑雪板的蒙古族小伙|

"滑雪狩猎民谣"呈现出阿勒泰古老滑雪狩猎文化。开始部分这样唱道：

在那高高的阿尔泰杭盖山中，

|阿勒泰滑雪|

身上背着柳木制作的弓箭，

双手斜推着滑雪棒的，

脚踩红松、白松木制作的滑雪板，

身后拖着山羊皮囊的，

很快地滑着奔跑在松树林中的，

是那勇敢而又灵活、聪明的猎人。

看那个猎人啊！

就像阿尔泰杭盖山中的羚羊一样奔跑得快，

来回在松林中奔跑着，

怎么样也抓不到他，

善射的射箭手是那个猎人啊，

射到了一个又一个的猎物，

斜推的滑雪棒啊！

把身边的雪推成了一个个小雪球，

那个小雪球，滚呀滚呀，

变成了大大的圆球，

它在和猎人赛跑，

追随着猎人奔跑。

踩着毛皮滑雪板的猎人呀，

他把它早就远远地丢在了身后面。

中国古代冰雪游戏的历史传承

| 中国古代冰雪游戏的历史传承 |

中国拥有广袤辽阔的土地，陆地面积约 960 万平方千米，自北而南横跨了寒温带、中温带、暖温带、亚热带、热带五个温度带。我国以秦岭—淮河一线作为南北地理分界线，在秦岭—淮河以北的大部分地区，冬季河水和湖水会结冰，除了不落叶的针叶树外，大部分树木会落叶；在秦岭—淮河以南的地区，冬季河水和湖水不结冰，树叶不落叶，一片郁郁葱葱的样子。分界线南北的自然条件、农业生产方式、地理风貌以及人民的生活习俗，都有明显的不同。同在冬天，中国最南端的省份——海南省，海浪正拍打在沙滩上，而北方早已白雪皑皑，呈现出"千里冰封、万里雪飘"的景象了。

从古至今，北方的林海雪原生活着大量的少数民族，如古时的室韦族、女真族，到现在的鄂温克族、赫

| 冰嬉图全图 |

| 冰嬉图
（局部） |

| 冰嬉图
（局部） |

哲族等。在北方特殊的自然环境下，由于冬天漫长的冰封期和积雪带来的不便，生活在其中的少数民族，利用当地雪多、山多、树木多的特色，创造了许多便于生产生活的冰雪活动，用以辅助打猎、运输、行走甚至战争。慢慢地，这些活动有的逐渐发展为军事训练，有的发展为有益身体健康而又有趣的户外运动，并在清代达到鼎盛。

一、清代以前的"冰嬉"

"嬉"，即游戏、玩耍的意思，"冰嬉"是我国传统冰雪游戏的统称。原本运用于生产生活、战争中的冰雪活动，慢慢地转向了娱乐化。在我国，有史料记载的冰上游戏到宋代才出现。宋代的《宋史·礼志》中，提到过皇上与后宫的嫔妃一起玩冰上游戏。北宋著名科学家沈括在《梦溪笔谈·讥谑》中提道，冬天的时候，人们会制作一种小床，就是在木板上铺上一些轻软暖和的垫褥，人们坐在小床上，由一个人牵拉着在冰上滑行，十分有趣。

中国历史上第一次冰上赛事出现在明代。据文献记载，明天启五年（1625年）正月初二，东北建州女真的首领努尔哈赤，在太子河上举行了一场隆重的冰上竞技比赛，《满洲老档秘录》中记载：清天命十年（1625年）正月初二，太祖努尔哈赤在浑河冰上亲自主持了跑冰鞋的比赛。这一天清早，宫内妃嫔们和朝廷贝勒及其福晋们，穿着皇上赐的朝衣，戴上皮肩领和狐皮大帽，拥着努尔哈赤来到浑河冰场，观赏冰上竞技。滑冰比赛有冰上射箭以及冰上武术等。其中有"双飞舞"，即两人在冰上舞蹈，表演出各种姿势，舞姿像雪花一样轻盈，极为好看。冰上武术花样繁多，有叠罗汉、耍刀等等。

参与冰上比赛的不仅有训练有素的兵士和随从侍卫，也有贝勒夫人和众兵丁的妻小。努尔哈赤常常高兴地以金银重赏上场的人，优胜者赏白银20两、黄金1两，掉队的也分到赏银3到5两。他还在冰上设宴款待众人，直到黄昏才乘兴回宫。

二、蔚为奇观的清代"冰嬉"

清朝是中国古代冰嬉发展的黄金时代，这与统治清朝的满族人的风俗习惯有直接的关系。满族是我国少数民族之一，现今主要居住在东北和华北地区，以辽宁、吉林、黑龙江、河北四省人数最多。满族十分热爱体育运动，冰天雪地的生活环境，让他们创造了许多独特的冰上运动项目，具备了高超的驾驭冰雪的能力。17世纪中叶，满族入主中原，丰富多样的冰上运动也随之传入中原地区。

在早期，冰上活动对满族的军事产生了很大的影响。据史料记载，清太祖努尔哈赤在统一女真各部的战争中，就建立了一支善于滑冰的部队，由部将费古烈率领。在《清语译抄·乌拉滑子》中记载：清天命年间（1616—1626年），墨根城遭到蒙古的巴尔虎特部落的围攻，眼看就要守不住了。这时，努尔哈赤命令将士费古烈星夜驰援，在这危机的时刻，费古烈命令士兵全部换上乌喇滑子（冰鞋），火炮由爬犁拉着。他们在嫩江的冰面上滑行如飞，一天一夜竟然滑了300多千米。赶到的时候，墨根城正处在千钧一发的紧

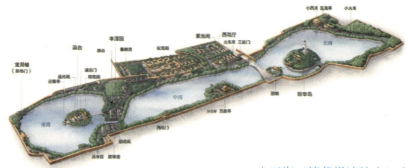

│ 三海（清代滑冰地点）│

急关头，杀出了这一支生力军，蒙古兵简直不敢相信自己的眼睛，以为他们是从天而降的神兵。

在北方冰天雪地的冬季，努尔哈赤常以冰鞋和冰橇为战争工具，注重强化士兵在冰雪环境中的行军能力。后金得以在冰天雪地里征服女真各部与其他部族，便是充分利用了善用冰雪的这一优势，从而获得了战争的胜利。

女真入关进京以前三次定都均在辽沈地域，分别是抚顺新宾、辽阳和沈阳，北方户外的冰天雪地便成为女真进行军事训练的天然场所。这些冰雪活动虽是为了军事目的，但也显得颇有趣味。

满族在入关之后，把滑冰作为一项军事制度。在每年冬至到三九隆冬时节，冰层冻实的时候，清朝的皇帝便要在北京太液池上（今北海或中南海）举行盛大的冰嬉大典，用以校阅八旗兵士的滑冰技术。

冰嬉设有专门机构——冰鞋处，由冰鞋大臣主持，选择滑冰的能手，皇帝亲临检查。冰鞋处负责每年冬季冰上练兵的组织、冰嬉大典活动的筹备工作等。训练与冰嬉大典所需的经费、设施、奖金等都由内务府提供。据《清文献通考·乐考》记载，冰鞋处每到冬季，便从八旗中抽取精通冰上技术的人，按冰嬉大典所需要表演的节目，编署入伍，组成专业走冰队。每个旗挑选200人，八个旗总共1600人，组成"技

清代滑冰招式

哪吒闹海　　大蝎子　　金鸡独立　朝天锤　童子拜佛

双飞燕　　　卧鱼　　　卧睡香　　千斤坠

勇冰鞋营"，直属冰鞋处领导。他们进入宫中，自冬至开始到"三九"隆冬时节几个月的时间里，持续在太液池上进行集中冰上训练。

　　清代吴士鉴的记述中明确了冰嬉的地点，每年十二月，八旗兵的冰嬉训练与皇帝检阅的地点选择范围在皇城之西的三海，即南海、中海和北海，根据三海不同地点冰冻的程度而定，通常选择冰层坚硬厚实的地方。因为冰嬉的地点在皇城内部，朝廷的冰嬉只有皇帝、大臣、嫔妃等宫内人士可以观看，不允许平民百姓入内观赏。举行冰嬉大典的时候，皇帝乘冰床驾临阅视，对滑冰技艺出众的人，亲自给予奖励，对身怀绝技的人亲自赐号。比如凭借自己的智慧与刻苦练习，创造了高难度动作"燕子三点水"的苗族青年喜桂，就被乾隆帝赐号为"冰上燕儿"，被皇上封赐在当时是无上的殊荣。

从现珍藏于故宫博物院，清代乾隆年间宫廷画家张为邦和姚文翰绘制的《冰嬉图》中可以看出当时冰嬉内容之丰富、走冰技艺之高超。《冰嬉图》将当时花样滑冰的高超技艺，栩栩如生地展现在我们的面前。冰上健儿们姿态各异，各显绝技，鱼贯而行，组成一条巨龙，蜿蜒盘转，非常壮观。在图中，我们可以清晰地看到，清代的冰上运动大致有速度滑冰、花样滑冰、冰上足球、冰上抛球、冰上射天球、打雪挞及冰上摔跤，冰上杂技表演的弄幡、爬竿，军事训练的冰上射箭等等。

爱新觉罗·宝廷在《偶斋诗草》中有对当时的滑冰技术形象的描写："铁若剑脊冰若镜，似履踏剑摩镜行。其直如矢矢逊疾，剑脊镜面刮有声。左足未住右足进，指前踵后相送迎。有时故意

| 拉冰床图 |

| 中世纪的
冰鞋 |

作欹侧，凌虚自我随纵横。
是耶洛仙非列子，风胡能御
波能凌。"

乾隆皇帝则多次亲临冰
场观看各种冰上活动并亲自

上冰表演，他在《冰嬉赋》
等诗中说："顺时陈国俗，
择地视雄观"，"国俗冰嬉
曾作赋，内王茶宴又联讴"。
可见在清朝，皇帝视冰嬉为
"国俗"。

宫廷里上演着冰上运
动，而在民间，冰上活动
也广泛流行，可见从宫廷
到民间，"冰嬉"都是北
方一项传统的冬季体育运
动和游戏。

| 清朝的冰鞋 |

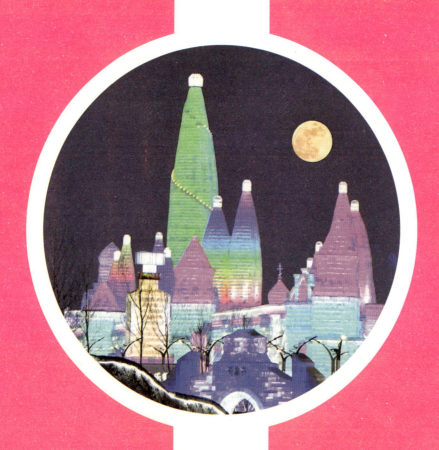

纷繁多姿的冰雪游戏

| 纷繁多姿的冰雪游戏 |

一、冰尜（冰陀螺）

"冰尜"，也叫作"冰猴"或"冰陀螺"，是一种广泛流行于北方民间的冰上传统游戏。

冰尜外形呈现平顶、大肚、尖头，大小不一，材质分木、铁、铜、不锈钢等多种。木尜的尖端安有泡钉或镶嵌钢珠，使其旋转过程中磨擦阻力减小，转速更快。

抽冰尜游戏所用的小鞭子，鞭杆是约40厘米长的木棍，顶端拴约40厘米长的粗绳或布条做鞭绳，如果抽打木质的冰尜，用布条比较好，如果抽打金属制作的冰尜，从废弃的轮胎里抽取里面的子午线最适合。

游戏时，用鞭子抽击冰

| 冰尜 |

| 旋转的冰尜 |

尜，使其在冰面上快速旋转，谁的冰尜旋转时间最长谁为胜利者。冰尜自重越沉越好，这样旋转起来才平稳、持久。若在顶部平面处涂上颜色或贴上彩纸，旋转时又多了几分观赏性。

由于我国的社会历史原因，抽冰尜游戏一度衰落，不过近年来，在北方地区又流行了起来。在北方会有一些中老年人进行抽冰尜活动，现今的冰尜多由不锈钢和黄铜做成，样式很漂亮，冰尜侧面钻有小孔，可以在旋转时发出嗡嗡的响声，很远便能听得到冰尜旋转时发出的响声。

抽冰尜前，先将鞭绳紧绕在冰尜上，再将冰尜放倒，急速抽动鞭子，冰尜会因惯性竖立起来，此时用鞭子连续抽冰尜数下，使冰尜高速旋转，保持稳定，当冰尜的转速慢下来时，只需补上几鞭即可。

抽冰尜之前要发冰尜，这就如同打球要先发球一样。冰尜有两种发法：一是用两只手把冰尜尖头部位朝下握住，蹲在冰上双手往顺时针方向（左手使鞭子往逆时针方向发球）用力一搓，使冰尜在冰上转动，然后立刻用小鞭抽打；二是用鞭绳缠住冰尜，将其立在冰面上用力往顺时针方向拉动绳子使其转动，再用鞭子抽打，冰尜便快速旋转起来。如冰尜的转速慢下来，只需抽上几鞭保持转速既可。

抽冰尜比赛场地上，要求选手在最短时间内，用鞭子将冰尜从起点"赶"进指定的红色区域内，即算完成一次赛程，每名选手要完成两次冰尜进红区。除了熟练的鞭法，还要讲究战略，欲速则不达，使巧劲，冰尜才会乖乖听话。

此外，可灵活地设计比赛规则，比如看谁能抽动体积较大的冰尜，谁能抽的时间最久，谁能抽的动作花样技巧多，谁能边抽边跑得最快等等。

二、冰滑梯

冰滑梯就是用体积较大的冰块堆砌成滑梯形状的建筑，也是一种观赏与实用并重的冰建筑，游人可凭借惯性和自身重力在冰滑梯上由高向低快速滑行。冰滑梯有直道、弯道的；有单道、多道的；还有平行状、交叉状和放射状的，造型多种多样。

出现于 1979 年第五届

冰灯游园会的冰滑梯，是冰城哈尔滨第一个供游人不凭其他工具滑行的滑梯，它是个小型的大象造型滑梯。从此以后，冰滑梯便成了冰灯会的保留项目。第十九届冰灯游园会冰雪乐园景区的主滑梯高18米；宽30米，居中是座侗寨鼓楼，造型飞檐翘角，如鸟展双翅；高十余

|冰滑梯|

层，自下而上层层递减，像带着盔缨的武士头盔，极富线条美。鼓楼两翼建有对称的小楼，小楼与鼓楼间以风雨桥连接，楼的基座建有长短滑道各两条，起滑高度分别为8米和5米。楼檐嵌红、蓝、绿三色光带，色彩斑斓；滑梯内也嵌有各色光源。夜幕来临后，鼓楼的色彩鲜艳夺目，滑梯的灯光闪烁。在梦幻的冰雪世界里打滑梯，试胆量，显身手，别有一番风趣。第二十二届冰灯游园会的18米高卡通古堡大滑梯，平台分高、中、低三层。中层连接的滑道为回廊式。游人登临后，下滑前可居高临下，俯瞰全园奇妙的冰灯美景。在冰滑梯上，既可以体验"速度与激情"，夜幕降临时分，又可以欣赏造型

各异的冰滑梯散发出的流光溢彩。

除了冰灯游园会上造型专业的冰滑梯，在冬季，我们也可以自己动手制作简易的冰滑梯。比如可以利用校园内原有的滑梯，在滑板上浇水，使之冻成冰坡，让大家依次登梯，可以用蹲、侧站、俯卧的方式滑下去，也可以大秀绝技，表演自己喜欢的动作。

冰滑梯虽好玩，但要注意的是，冰滑梯比较高，做花样动作的时候要格外小心，在不熟练的情况下不要做危险性太高的动作。滑滑梯的时候，前后两个人要拉开距离，避免冲撞受伤。

三、冰上足球

每年十一、二月，北方进入寒冬时节，此时北京城中的一项重要的时令活动"冰上蹴鞠"便紧锣密鼓地开始了。冰上蹴鞠，又称为冰上足球，在清代，人们把流传已久的足球运动移植到了冰面上，便出现了冰上足球。

清代潘荣陛《帝京岁时纪胜》中对蹴鞠进行描述，大意如下：冰上足球在两队之间进行，每队由几十人组成，开赛前两队队员分别列于两侧按固定位置站好，由御前侍卫（裁判）发球。裁判将皮革制成的球抛掷空中，球落到场地中时，队员们便马上飞快地滑过去争夺，得球者想方设法突破对方队员的包围与夺抢，等待时机踢向旗门；或辗转传递给本队队员，两队激烈争夺，来往攻守，直至球被投进对方旗门，以球投入对方旗门多者为胜。

高士奇在《金鳌退食笔记》中描述，参加蹴鞠比赛的队员都穿着带铁齿的冰鞋，这种鞋可以防止在冰面上摔倒，方便在冰面上奔跑、停驻。曹雪芹的祖父曹寅的《冰上打球诗》就有详细记载。其一："青靴窄窄虎牙缠，豹脊双分两队园，整洁一齐偷着眼，彩云飞下白云间。"其二："万顷龙池一镜平，旗门回出寂无声，争先坐获如风掠，殿后飞迎似燕轻。"在曹寅的笔下，比赛的情景跃入眼帘。队员们穿着青靴，靴底上缚以固定在板上的双铁条（形如虎牙），跑起来快捷稳定；两队争抢，设有旗门，以球入门多者为胜。

冰上足球是冰上运动中一项激烈的体育运动，趣味性大，难度高，必须在结成厚冰的河面上进行。最初清朝把冰上足球作为宫廷习武、军事训练的手段，在军队中进行。后来慢慢地流传到了民间，20年代在什刹海和护城河上，还常可以看到老百姓在玩这种冰上足球，呈现出一片热闹的景象。

冰上足球在经过一段时间的沉寂后，如今逐渐回到人们的生活中。由于在冰面上进行比赛难度较大，不适合儿童，因此建议儿童进行此项活动时在阻力较大的雪面上进行。方法与规则可参照成人雪地足球赛的规则，即五人制足球；也可自由踢球玩耍，在雪地里感受大自然对人类最美好的恩赐。

四、冰蹴球

冰蹴球与冰上蹴鞠名字类似，但玩法完全不同。冰蹴球有着很古老的历史，它本来是清乾隆年间出自宫廷的一种游戏，叫作"踢盖火"，"盖火"是古代盖在炉口压火的铁器，圆形，中间凸，顶端有孔。可见，这里的"球"并不是我们现在所说的足球一样的东西，更像是现在体育运动中的冰壶。

"冰蹴球"在什刹海地区已有300多年历史，清康熙年间曾有一位名叫李声振的诗人在《百戏竹枝词》中记载了当年盛况："蹴鞠场上浪荡争，一时捷足趁坚冰，铁球多似皮球踢，何不金丸逐九陵。"作者在注释中说："蹴鞠，俗名踢球，置二铁丸，更相踏蹴，以能互击为胜，无赖戏也。"老北京童谣里说："小孩小孩跟我玩儿，踢球打杂儿溜二闸儿。"这里的"踢球"，指的便是老北京一项特有的运动——踢石球。而在数九寒天，这项运动又转移到了冰面上，踢法相同，叫作"冰蹴球"。清代皇家每年要进行冰嬉表演，老百姓则在什刹海的冰上踢冰核儿取乐。当时孩子们穿的布底棉鞋站在冰上不易打滑，把凿冰时散落在冰上的冰块当球踢，规则与踢石球一样，用脚踢球，以球击球得分。

那么是谁将这项体育运动推广开来的呢？据说这与一位格格有关。乾隆皇帝有位九格格，长得很漂亮，又聪明伶俐。乾隆老来得女，对她十分宠爱。九格格一生下来右手就呈半握拳状，一直伸不开，大家称她为"佛手公主"。当她看到宫中姐妹兴高采烈地玩嘎拉哈（耍羊拐），自己却因是"佛手"而无法参与时，心中闷闷不乐。乾隆命内务府大臣海望想办法让九格格开心起来。海望到民间察访，发现踢石球这个游戏用脚不用手，正适合九格格玩耍，便报知乾隆。得到乾隆恩准后，宫内太监就陪着九格格踢石球玩了。九格格后来嫁给权臣兆惠的儿子格兰泰，家住什刹海畔大翔凤胡同，于是把踢石球的游戏带到了什刹海。

直到清朝末年，醇亲王府还保留着这一娱乐活动，王府太监们平日在平地上踢石球，冬季就在冰面上踢冰核儿。后来，经溥任（末代皇帝溥仪之四弟）参与，踢石球游戏被北京民族传统体育协会挖掘整理，定名为"蹴球"，成为全国民族运动会的正式比赛项目。

五、出溜滑

出溜滑，中国古代叫作"打滑挞"，即在冰面上滑行游乐，是一项历史悠久的冰上游戏，在我国北方很常见。

出溜滑分为速降出溜滑和平地出溜滑。速降出溜滑需要选择有斜坡的平滑冰面进行。例如，那些自然形成的坡地或比较缓的小土山，入冬后被覆上积雪，表面经过踩踏，便会形成小雪坡。孩子们从顶端滑下，或蹲或立。也有人会在院中积雪成坡，泼上水，结冰之后就像是一座晶莹雪白的滑梯。登上去，滑下来，很是好玩。

平地出溜滑就是在平地上进行的冰上滑行游戏。在北方城市的街道上，有一些由积雪自然融化成的时断时续、长短不一的冰道，孩子们爱在上面滑着玩。也可以在平地上用水浇成 5～10 米长（或天然冰面上）的冰道，游戏者尝试先助跑几步，然后用双脚在冰道上滑行，以滑得远为胜，滑行中还可作各种动作。

打出溜滑的秘诀是：借助于重力作用两脚一前一后沿着斜坡上的冰道向下滑行。在平地的冰道上向前滑则需要借助惯性，即先助跑后滑行，助跑速度越快距离越长则惯性越大，滑行的距离也越长。也有人在前脚绑上钉铁条的小木板，后脚不住蹬冰，借此向前滑。

需要注意的是，打出溜滑的时候要保护好头部，游戏的时候身体重心前倾、膝盖弯曲，防止摔倒后头部受伤。与同伴一起玩的时候，要按照顺序，依次滑行。选择的冰道最好厚度在三十厘米以上，且冰面平滑，以防止意外摔伤。

六、打跑球

打跑球是呼伦贝尔市当地的儿童游戏。游戏利用小足球场，把学生分为跑方和打方两队，跑方队分散开，打方队持小排球。游戏开始时，跑方队员分散开，占据有力位置，打方队必须传球围打，如打到跑方队的任何一个队员或把跑方队员全部打出场外，则双方互相交换角色，再玩一局。根据游戏规定：

1. 打方不准拍球走，可以相互传球，击打跑方队员头以下的位置。若球在跑方周围，跑方可以用脚溜球一次，但不能出界。

2. 打方只要打到跑方队员的任何部位，双方队员全体调换角色（或被打中者退出场外）。

3. 打方可以对跑方进行围追堵截，但不能用手抓、拉、挡，跑方不能跑出指定的区域，否则双方全体调换角色。在规定的时间里，积分多的队伍获胜。

这个游戏运动量大，考验反应速度，适合大一点儿的儿童玩耍。

七、拉冰床

冰床，指专用于冰上的一种交通工具。又称"冰排子"、"冰车"、"凌床"

或"拖床"，冰床与爬犁类似，不过为汉族专有，多用人而不是牲畜拉车，是华北地区尤其京津两地冬日冰雪游乐和运动的有趣活动器械。

冰床结构简单易于制作，民间的冰床是以木材制成床形，长1.6米左右，宽约1米，可同时乘坐三四人。上面铺一张木板当"床"，板上既可载物，也可铺毡、褥坐人，在清代发明了在木床与冰面的结合处以铁条镶嵌当"腿儿"，以减少床和冰面的摩擦。冰床的主人在前方牵绳以拉拖床体，由于惯性和速度的原因，牵绳急行数步之后，床主飞身跃坐床沿，此时冰床仍能行走如飞。

在宋代时就有一种以人力牵拉的冰上游戏，是在木板上铺上一些轻软暖和的垫褥之类，两三个人坐在上面，让一个人拉着在冰上滑行。宋代的皇帝也喜欢这些冰上的娱乐活动，在后苑里"观花，作冰嬉"（《宋史·礼志》）。明朝时，冰嬉被列为宫廷体育活动。一些有钱人家的子弟就在北京积水潭的冰面上玩这种冰床，将十几张床连在一起，上面摆上酒，一边饮酒驱寒，一边滑行，驰走如飞，乐在其中。清朝，冰床有了新的发展，在木板下面镶上了铁条，大大加快了滑行速度。在太液池的五龙亭和中海的水云榭前，每当天寒冰冻时，就有许多这样的冰床出现在积雪残云中，床上坐三四个人，一人在前牵引，行冰如飞。更有人将若干拖床连接起来，由两

三人牵引，在高速滑行中饮酒高歌。在城外的护城河，还有人以这种拖床运送顾客。

辛亥革命前后，护城河水流量不足，冰床锐减，1937年七七事变后绝迹。20世纪90年代初期，华北、东北地区的一些旅游点将其开发出来，用于开展冰上游乐活动，现代用的冰床形式与当初一样，区别在于其驾驭者不是在前面用绳子拉，而是站在冰床尾部，用顶部镶有金属尖头的撑杆撑驾冰床前行。

拉冰床游戏可以训练儿童心肺能力、培养合作精神。游戏的时候，可以分为每队五人，其中二人坐爬犁，三人拉绳。发令后，从起点出发，看谁先跑到终点。这个

游戏人数灵活，运动量大，非常适合冬天进行。

八、打雪仗

在北方，一到寒冬时节，积雪便会很深，走路的时候甚至会没过脚踝、小腿。刚下完的雪洁白如玉，这为一种雪上游戏——打雪仗提供了方便。

打雪仗一般是儿童的游戏。如果在学校的话，课间休息便是打雪仗的好时候。操场是大大的混战战场，你可以想办法用挖到的积雪偷袭没做好准备的同学，也可以在两个人互相知情的情况下，把雪球扔向对方，做个"袭击"。在居住的小区里、公园里，也是玩雪仗的好去处。打雪仗的好处在于，柔软的雪球不会伤害到彼此的身体，当然去打雪仗的时候也要做好充分的准备，多穿衣服、戴围巾手套，以免冻伤。

九、堆雪人

到了大雪纷飞的日子，

|打雪仗|

| 打雪仗 |

到处都是雪白的积雪。堆雪人是下雪天才能享受的一项有趣的活动。当然雪必须要下得够大，才能积累足够的雪球，气温要足够低，才能使积雪不会迅速融化。将洁白的雪堆，制成一个可爱的艺术品，不仅供人观赏，还能训练手艺、锻炼身体。

怎样堆一个常规的雪人呢？

首先我们要先确定雪人的堆放位置，建立雪人的底座，把附近的雪聚拢形成底座。底座的大小决定你要堆多大的雪人。雪人身体的具体做法如下：先做一个小雪球，然后在雪地上滚，慢慢把小雪球滚成大雪球，当雪球达到1米直径的时候，就可以停下来了。把此雪球放置在您要堆雪人的地方，作为雪人的身体。头部同样按照这个方法，用手做一个小

41

| 堆雪人 |

果、水果等物品装饰，雪人的手可以用树枝插进身体部位的左右两侧。也可以给雪人戴上帽子、围巾、手套、太阳眼镜。如果你的雪人站不稳，可以在后面用树枝做支撑。

快来创作你的雪人吧！

十、滑冰

滑冰，是人们利用冰刀在冰面上滑行的冬季游戏项目。对于居住在中国南方的人们来言，冬天最可望而不可及的就是下雪和结冰了。在北方，当寒风呼啸一夜过后，气温骤降到冰点，往日波光粼粼的湖面瞬时光滑如镜，最令人期待的滑冰时刻便到来了。

滑冰的历史非常悠久，至今仍然深受大众的喜爱，但滑冰这项冰上运动在一开

雪球，然后放在地上慢慢地滚，滚到比底座小一点儿，放到刚才滚好的身子上。把雪附在结合处作为填充，让两个雪球粘在一起。

做完了头和身子，就可以给雪人做装饰了。雪人的鼻子眼睛，可以用石头、松

始学习的时候可能会遇到些困难，在《北京竹枝词》中，有一首描写初学滑冰摔倒的诗："往来冰上走如风，鞋底钢条制造工，跌倒人前成一笑，头南脚北手西东。"戏谑地表达了刚学滑冰时的手忙脚乱。但当你克服了平衡与重心的难关后，便能享受到速度的快感，轻松的愉悦，优雅的舒展，甚至产生飞翔的错觉。滑冰可以分为速度滑冰、花样滑冰、短道速滑等。

在我国，清代的滑冰技术很高超，流行范围也很广。

清代每年都会举行大规模的滑冰校阅活动，后来滑冰的军事作用越来越小，逐渐朝娱乐化方向发展。每年冬天，皇家都会选拔参加比赛的选手，由内务府提供冰鞋和服装。清代校阅的内容主要有速度滑冰和花样滑

| 速度滑冰 |

冰两种形式。

抢等——相当于现代的速度滑冰比赛。抢等时，皇帝会亲临现场。根据吴振械《养吉斋丛录》的记载，参赛者们会站在离皇帝所乘坐冰床1000多米的地方待命，当鸣炮的时候，参赛者们便蜂拥而至，争取以最快的速度到达皇帝所乘坐的冰床前（即终点）。

参赛者们按照到终点的先后次序，确定为头等、二等和三等，按等次的不同接受皇帝不同的赏赐，奖金数额虽有差别，但凡参加比赛者都会有奖励，皆大欢喜。乾隆皇帝本人在《冰嬉赋》中生动地描述了走冰者在冰上如闪电流星般飞驰，错综交织、比肩赶超的壮观场面，流露出对八旗子弟走冰的赏识。另外，速度滑冰也要求完成"官趟子"的八种动作姿势，用现在的话来说就是"指定动作"，包括双臂摆动式、背手跑冰式、弯道技术等姿势（见冰嬉图）。

走队与现代的花样滑冰有类似之处。现代花样滑冰是技巧与艺术性相结合的一个冰上运动项目。在音乐伴奏下，在冰面上滑出各种图案、表演各种技巧和舞蹈动作，但我国清代"走对"跟花样滑冰的难度有所不同。走队多为数百人集体在冰上盘旋。走队中的精彩内容之一当属冰上射球。冰面上预先设定盘旋曲折的循行路线，并在沿途接近皇帝御驾处，设立旗门，门上悬挂一"天球"、门下放置一"地球"。参加走队的人约有数百人，分为手拿旗者和手拿弓者。大家都穿着马褂，背上插着小旗，按八旗各色依次前行，一名执旗者为先导，第二名执弓矢者随其后，以此顺序排列。他们滑行有序，英姿勃勃，好像龙一样穿梭往回，射中球的人可以接受赏赐，再沿盘旋曲折的路线回到队伍中，继续走队，构成了冰嬉中最为壮观的场景。（见冰嬉图）

在清代宫廷的花样溜冰技巧高超。《冰嬉赋》图中有大蝎子、金鸡独立、哪吒探海等姿势，专为慈禧观赏的北京北海花样滑冰表演中，已有双飞燕、蝶恋花等双人动作和朝天镫、童子拜佛等单人动作，而民间的冰上表演有猿猴抱桃、卧鱼、鹞子盘云、凤凰展翅、摇身

晃等动作。

此外，滑冰与其他的文化娱乐结合而产生的新冰嬉形式也开始大量涌现，如滑冰与杂技相结合，出现了冰上杂技，像冰上爬竿、盘杠（即托着木杠滑行）、飞叉、耍刀、使棒、弄幡等等。一些民间的节日庆祝活动，像舞龙、舞狮、跑旱船等也都移到了冰上，在滑行中进行。清代滑冰的玩法可谓五花八门，丰富有趣。

1930年前后，西方花样滑冰传到中国，北京、天津、哈尔滨、长春、沈阳等城市的学校，有些学生参加了花样滑冰运动。1935年，在北京举行的滑冰比赛会上，进行了花样滑冰表演赛。1942年冬，在延安的延河上举行了冰上运动会，表演了花样

滑冰和自由滑。

滑冰需要滑冰鞋。滑冰鞋是指在鞋子底部附有冰刀片，用以辅助滑冰者在冰面前行的特殊的靴子。滑冰鞋主要有花样冰鞋和速滑冰鞋。最早的冰鞋是用大型动物如马、牛或鹿的腿骨制作的，并用皮革带捆缚脚上，同时用削尖的杆子驱动溜冰者前行。我国最早的冰刀，大多采用马的胫骨制成，后来相继出现了木制的冰鞋和木制镶铁冰鞋，至清代后期，我国的冰刀已是铁制的了。清朝的滑冰鞋具有了很大的改善，冰鞋出现了单冰刀、双冰刀两种不同的类型。双冰刀比较平稳，适合初学者练习。与现在的冰刀不同的是，清代的冰刀都比较短，鞋的后跟有一部分下面没有冰刀，这样，可以在需要时用鞋跟触及冰面以便停止滑行，或改变滑行方向。

滑冰的方法：

先以 V 型站姿站好。两脚张开成 V 型与肩同宽，两

| 花样滑冰 |

脚尖稍向外转形成小八字，约呈45度角，两膝稍弯曲，上体稍前倾，目视前方。身体重心要通过两脚平稳地压到刀刃上，踝关节不应向内或向外倒。滑行的时候，身体微向左前方倾斜，重心慢慢转移至左脚，右脚向前抬起后再平稳放下，紧接着重心转至右脚。依此要诀，左右脚交互向前抬起平稳放下，熟悉重心转移的感觉。

在滑行时要俯身、屈膝，重心向前，这样就是滑倒了，也会向前摔，不会摔到尾骨。初学者最常见的毛病就是滑行中直立身体，引起重心不稳向后摔倒，如果出现这种情况，倒地瞬间侧身用手撑地，尽量减少冲击，同时避免头部撞到冰面。前进时如果停不下来，不要慌，双手先伸到胸前，身体下蹲缓慢着地，然后手指张开，平贴在地，待俯冲的力量被抵消掉后，双手将身体撑起，右腿成单腿跪姿，双手平压在右腿膝盖上，双手用力下压将身体撑起，再以Ｖ型站姿站好。

滑冰的注意事项：

滑冰虽然有趣，但因为在冰面上滑行速度较快，冰鞋下为铁片冰刀，与雪地上柔软的积雪相比，冰面硬度更高，极易造成摔伤等事故，因此在掌握滑雪技术的同时，在滑冰之前，大家需要做一些准备，避免危险事故的发生，玩得开心、玩得放心。

1. 选择光滑的场地：

滑冰如果不去滑冰场而在户外进行活动的话，应选择冰冻结实，没有冰窟窿和裂纹、裂缝的光滑冰面，这样可以避免冰刀卡到凹凸不平的冰面而摔倒。初冬和初春时节，冰面尚未冻实或已经开始融化，千万不要去滑冰，以免冰面断裂而发生掉进水里的危险事故。

2. 装备：

在滑冰之前，身上不要带硬器，如钥匙、小刀、手机等，以免摔倒时硌伤自己。结冰的季节，天气十分寒冷，滑冰时要戴好帽子、手套，注意保暖，防止感冒和身体暴露的部位发生冻伤，滑冰的时间不可过长，在寒冷的环境里活动，身体的热量损失较大。在休息时，应穿好防寒外衣，同时解开冰鞋鞋带，活动脚部，使血液流通，这样能够防止冻伤。

3. 正确的跌倒方式：

滑冰与日常行走的方式

有本质不同。所以，要想把握好重心，必须从日常行走的习惯中完全改变过来。我们知道，日常行走，人们总是用前脚掌先着地后，再向后用力，而溜冰却是脚底同时落地向后用力，左右两脚相互转换重心。因此初学滑冰者，不可性急莽撞，学习应循序渐进，特别要注意保持身体重心平衡，避免向后摔倒而摔坏腰椎和头部。

4.文明滑行，避免急停：

和小伙伴一起滑行时，尽量避免互相牵手，以免一起摔倒，造成伤害。如果滑行有方向性，请不要逆向滑行。滑行通道中也避免急停。不要在其他初学者身边做花样动作，或者擦肩而过，以免使其受到惊吓摔倒引起他人受伤。不开阔的地方和人群比较密集的地方，不要一味追求速度或者相互竞赛。同伴摔倒了，若没有必要，尽量不要上前协助，特别是在穿冰鞋的时候。因为他可能会把另一方带倒，给对方带来二次伤害。

5.避免躺在冰面上：

绝对不要躺在冰面上或者坐在冰面上很长时间，因为可能会被他人滑行时冰刀（特别是速滑刀）戳到躯干和头部造成严重伤害，如果需要他人帮助，可以呼叫周围的人。

十一、爬犁

爬犁，是一种冰上行走工具，民间称作"冰雪上的车子"。"爬"是指这种东西没有"轮子"，就在冰雪上滑行，远远看去像在地上爬一样。"犁"是因为这种工具很像在地里耕地用的"犁杖"。

爬犁主要是针对东北地区冬季漫长，道路雪多冰厚这样的自然环境而创造出来的便捷运输工具，对此有民谣形容道："十一月，大冷天。跑爬犁，雪炮烟。""关东山，太奇怪，没轮大车跑得快。"

爬犁分为载物爬犁、载人爬犁、动物爬犁、儿童爬犁，如今随着社会的发展，柏油路通向了家家户户，汽车、火车等现代交通工具进入了崇山峻岭，用爬犁载人、载货越来越少。在一些旅游区，滑爬犁成为了一种旅游项目，游客坐上动物爬犁，体验着旧日的民俗生活方式。倒是儿童爬犁因为取材便捷，在爬犁原有形式的基础上，有了越来越多玩耍的花样，从冰车、冰滑子，到冰上轮胎、风帆爬犁等等，成为了北方最常见的冰雪游戏之一。

爬犁的分类：

1. 载人爬犁：

载人爬犁，一般设有车篷，以毛毡围之，能御风寒。还有高档的载人爬犁，称为暖爬犁。郭熙楞编的《吉林汇征》描述了载人爬犁的样子，这种爬犁装饰华美，外裹毡毯，内铺用动物毛皮搭

| 爬犁 |

好，左右各留个小窗，里面备有火盆、脚炉等。篷外冰天雪地，篷内温暖如春，长途在外可过夜和抵挡风雪。在过去，坐这种爬犁的多是达官贵人，普通百姓是很难享受到的。

2. 载物爬犁：

载物爬犁制作用料饱满、厚实，运送货物，运量极大，只要路上有冰有雪，或是结冻的江河都可以顺利使用，一次运送几百斤、上千斤的货物都不成问题，极大方便了人民的生活和生产。

3. 动物爬犁：

动物爬犁，就是借助动物的力量来拉动爬犁，马爬犁、牛爬犁、狗爬犁等，从前的女真、肃慎、锡伯、鄂伦春、赫哲等民族，还常常使用狗、鹿、四不像（麋鹿）等动物来拉爬犁。畜力爬犁一般比人力爬犁外形大，车身重，载人、运货多，速度较快。动物爬犁中最有特色的要数四不像（麋鹿）爬犁和狗爬犁。

| 狗爬犁 |

51

|马爬犁|

|麋鹿爬犁|

东北特有的动物"四不像"（麋鹿）也能担当运输工具。它的犄角像鹿，面部像马，蹄子像牛，尾巴像驴，整体看上去似鹿非鹿，似马非马，似牛非牛，似驴非驴。在大小兴安岭之中生活的人们，从前多使四不像来驾"爬犁"。这种动物力气大，在深山老林里行走，有耐力又灵活，而且不怕寒冷，非常受猎户的喜爱。

狗爬犁也是一种常见的畜力爬犁。《吉林地志》记载着，自伯力东行 1200 余里，沿松花江两岸居住的黑斤人，冬季利用数十条狗拉着像船形的爬犁，其长有十一二尺，宽一尺多，人们坐在爬犁上，手持着木篙，支地而行，其速度极快，如在松花江上飞驰。《吉林乡土志》记载，东北的许多地方设有"狗市"，专门交换像牛犊一样大小的"爬犁狗"，这些狗肥壮又温驯，有的俄罗斯人为了购买一条领头狗，不惜花费重金。

4.儿童爬犁：

除了大爬犁外，还有制作精小轻巧的爬犁，供孩子们游戏玩耍，一般叫作冰车，这种冰车有许多变形，有的像椅子，有的只是一条木板，有的甚至用轮胎代替冰车滑行。

| 儿童爬犁 |

（1）冰车

冰车是用木板或木条钉成一个长方形类似于椅子的木架，在木架底部两边钉上铁条，用于接触冰面，减少摩擦，方便滑行。人坐在车架上，两手各持一根带尖的铁棍用以加力和控制方向，使冰车在冰面上滑行。

儿童玩的冰车，有的只需一片木板，不需要做成椅子的样子，也不需要铁棍。孩子们只要拿着这种冰车，爬上高坡，坐在木板上，自己便能滑出一条雪道。雪道晶莹光滑，把小爬犁放在上面滑下，往往能滑出上百米远。

（2）冰滑子

用铁条按脚形制成。游戏者用一只脚支撑，另一只脚蹬地向前滑行。这种游戏器材简单，易于普及，对培养少年儿童的平衡能力有明显作用。

（3）马过河（冰上轮胎）

马过河利用轮胎作为冰上的游戏工具，是一个较为新颖的游戏方式。

马过河（冰上轮胎）的玩法：参加游戏的人分成几组，每组一个人坐在轮胎上，另外几个人拉着轮胎和轮胎上的人，看谁先到达终点。这个游戏考验的是团队合作的能力。小马过河（冰上轮胎）比赛中，无论是坐车的还是拉车的，都要用手拉绳子，不但要用力，还要注意

| 高坡爬犁 |

节奏配合，"小马"才能跑得又快又稳。

5. 风帆爬犁

风帆爬犁是利用木料或铁料制成形似船体的爬犁，在爬犁上支起帆布，借风力滑行，尾部有舵用来控制方向，在中国东北地区哈尔滨等地的江面上可以见到。冬天的时候孩子们会在冰河上，用布张开一面小"帆"，风力推动，小冰车便会在冬天的冰河上行走如飞。这个游戏器材可简可奢，在北欧一些国家也十分盛行。

6. 双人自助爬犁

自制双人座的爬犁，两人为一组，进行比赛。当听到裁判发令后，两人配合，有节奏地使用双铁杖前进，并控制好前进的方向，绕过预设的障碍物，率先到达终点的组别，获得胜利。

十二、雪地摩托

雪地摩托是在雪地上进行的一种趣味竞技类游戏。这种游戏由若干个儿童轮流拉着蹲在地上的一个（或多个）儿童，在组与组之间进行速度竞赛。

游戏可分为4人一组，选一个人蹲在雪地上做"摩托"，左右两个人拉着他（她）的手，另外一个人在后面推其后背，向前方20米处快速前进，到达目的地之后迅速换另一名同学做"摩托"返回，依次进行，直到组内所有的同学都体验过"摩托"后，游戏结束。

这个游戏可以不断地改变组合形式，可将多组"摩托"组合在一起，组成雪地摩托车队；也可以多人蹲在地上，其他组员想办法拉动前行，组与组之间比拼速度。

雪地摩托在雪地里进行，相对冰面活动来说，更安全一些。这个游戏也可以提升儿童的相互协调能力。

十三、雪上飘

雪上飘是在雪地上进行的一种趣味竞技类游戏。若干个儿童轮流拉着坐在编织袋上的一个（或多个）儿童，在组与组之间进行速度竞赛。与雪地摩托类似。

游戏可分为4~5人一组，一人坐在塑料编织袋上，两人拉住袋子前方的两角，另一个人在后面推坐在袋子上的成员，向前方20米处快速滑行前进，到达目的地后迅速换另一名同学返回，依次进行，直到所有人都体验过为止。也可以作为组与组之间的竞赛：比一比哪组的速度更快，更可以将多组组合在一起。

这个游戏安全系数高，操作简单，游戏者可以体验在雪地上飘行的感觉，适合各个年龄的孩子玩耍。

冰雪游戏的价值

| 冰雪游戏的价值 |

冬天，对孩子们而言，并不是一个好季节，他们常常被"困"在屋里，与电视、电脑、玩具为伴。实际上，在室外的冰雪世界里有一个巨大的天然乐园。

| 农民画 |

一、冬练三九，强身健体

在古代，许多冬天里的游戏活动与冬令时节的气候条件有很大的关系。

冬季天气寒冷，人们因为惧怕严寒的天气，不爱出门，这实际上对身体非常不利。多参加冬季体育运动，能锻炼身体，增强体质，还能锻炼不怕严寒的坚强意志，提高身体的抗寒能力、增强抵抗各种疾病的能力。俗话说"冬练三九""冬

农民画

天动一动，少闹一场病；冬天懒一懒，多喝一碗药"……这些都是民间总结出来的宝贵经验。

冬季加强体育锻炼，可以使血液循环加速，身体产生的热量增加，提高人们的御寒能力。冬季锻炼大部分时间是在室外进行，不断受到冷空气的刺激，人体造血机能发生明显变化，在接受日光、空气和水的沐浴时，身体逐步经受外界环境变化的刺激，皮肤和呼吸道的黏膜不断受到锻炼，增强了其耐受力，大脑皮层也对冷和热的刺激形成条件反射。当自然因素发生变化时，就能迅速而准确地进行反应，使身体跟外界环境保持平衡，这样就不容易感冒。坚持冬季锻炼的人，抗寒能力比一般人增强 8~10 倍。

冬季的冰雪游戏不仅能够锻炼增强人体的平衡能力、协调能力以及身体的柔韧性，同时还可增强人的心肺功能，加快血液循环，增加了大脑氧气的供应量，这对消除大脑长期工作带来的疲劳，增强记忆力，提高学习效率，都有积极的作用。

二、锻炼意志，礼让合作

在现今的民间游戏类型研究中，民间游戏可以大致分为身体游戏、器具游戏和智力游戏。冰雪运动囊括了所有这些分类，以滑冰为例子，它既是身体上的活动，因为冰面上的运动需要灵活、健康的身体作为支撑；又是一种需要技巧的运动，需要学会利用滑冰鞋进行转弯、刹车，溜冰虽然不是单纯的智力竞赛，但想要在冰面上做出一些花式、美丽俏皮的动作，也需要不断地动动脑筋才行。

冰雪游戏与普通游戏如跳房子、过家家不同的地方在于，它具有冒险与挑战性。在冰天雪地之中活动，潜在的危险性较高，因此必须要学会灵活地运用自己的身体与器具。年幼的孩子想要学会操作器具，灵活地在冰雪上进行游戏，往往要付出较大的努力。如果孩子们能够克服初学的困难、坚持不懈地训练，可以极大地磨炼耐力和意志力。

另外，冰雪活动如滑冰、滑雪、打雪仗，大家都在同一范围内进行活动，互相摩擦、碰撞造成的伤害要比正常情况下大。因此在活动过程中，需要学会为人相处之道，即礼让他人、尊重他人，这能使儿童养成与人合作的习惯和遵守规则的良好品德，适用于日后的生活的需要。

结语

| 结语 |

游戏的本质是带给人纯粹的、与物质享受无关的快乐，游戏的目的便是快乐。冰雪游戏便是这样的一种游戏。无论是充满竞争的奥林匹克运动会，还是普通的堆雪人、打雪仗、滑冰，这都是自然而生的快乐。

随着社会的发展，交通技术缩小了世界的距离，科

学把世界各地连接为一体，缩短了世界各国体育文化交往的距离，传统游戏在文化的交流和融合下，更展现出世界性的特点。众所周知，在欧洲，冰雪项目非常盛行，许多小朋友还不会走路时就已经会滑雪。在我国，冰雪运动拥有悠久的历史，是人们在漫长冬日里的良伴。

如今，北京、张家口联合申办2022年冬奥会成功，相信冰雪运动势必会在申办冬奥会的大背景下得到大力推广，冬奥会不仅能让中国4亿青少年真实理解和感受到奥林匹克精神，还可以在一系列的赛事准备过程中，更好地将冰雪项目发展起来，让我们有机会、有条件鼓励孩子们走向冰雪游戏，更让传统的民间游戏走入日常生活。

游戏是一种古老的社会文化现象，人类在创造文明和文化的过程中，有意识地发明了各种各样的游戏。游戏的种类很多，过家家、捉

迷藏、跳房子、荡秋千都是孩子们钟爱的游戏。游戏通过一定的智力和体力活动，达到休闲、娱乐、健身的目的。

在纷繁多样的游戏中，冰雪游戏具有独特的魅力和别样的风情。冰雪游戏，指的是在寒冷的环境下，在户外或室内的冰面或雪地上进行的带有娱乐、竞技性质的活动，游戏项目包括出溜滑、滑冰、爬犁、打冰岔等等。

在中国，冰雪游戏对于北方人来说熟悉不过。在结冰的河面上和家人搀扶着滑冰，在堆满积雪的校园里和小伙伴们一起堆雪人、打雪仗，这些画面是北方人童年不可磨灭的记忆。对于生长在南方的人们来说，冰雪游戏可能有点陌生，近年来随着科技的发展，室内滑雪场、滑冰场逐渐增加，冰雪游戏也慢慢走入南方人的生活。

冰雪游戏的独特之处，在于游戏需要在冰天雪地中进行。

在漫漫长冬里，晶莹剔透的冰面和柔软厚重的白雪，成了孩子们游戏的天堂。冰雪游戏大多刺激而惊险，带有竞技性质，除了对体能的要求外，更需要参与者动用智慧，慢慢地琢磨游戏的诀窍。因此，冰雪里的世界，既激发了儿童不畏艰险的精神，又培养了儿童在游戏中审美、热爱自然的情操。

近年来，随着教育工作者对儿童体质健康关注度的提高，越来越多新颖好玩的冰雪游戏引入校园并流行了起来。如改造原有的器材，把自行车的前轮卸掉，改装成冰上自行车；借鉴常规游戏规则在雪地上进行雪地足球、雪地摔跤；借用国际比赛中的一些项目如冰壶的规则，自制简单的冰壶进行游戏等。这些新颖的冰雪游戏就地取材，借鉴儿童生活中熟悉的游戏项目，相较于传统的冰雪游戏，比较安全，方便操作，为冰雪游戏提供了新的血液，使之历久弥新。

图书在版编目（CIP）数据

冰雪游戏 / 徐畅编著. -- 哈尔滨 ：黑龙江少年儿
童出版社，2017.12（2021.8 重印）
　（记住乡愁 ：留给孩子们的中国民俗文化 / 刘魁立
主编）
　ISBN 978-7-5319-5626-6

Ⅰ. ①冰… Ⅱ. ①徐… Ⅲ. ①游戏－中国－青少年读
物 Ⅳ. ①G898-49

中国版本图书馆CIP数据核字(2017)第328136号

记住乡愁——留给孩子们的中国民俗文化　　　　　　刘魁立◎主编

冰雪游戏　BINGXUEYOUXI　　　　　　　　　　　徐 畅◎编著

出 版 人：商 亮
项目策划：张立新 刘伟波
项目统筹：华 汉
责任编辑：何 萌
整体设计：文思天纵
责任印制：李 妍 王 刚
出版发行：黑龙江少年儿童出版社
　　　　　（黑龙江省哈尔滨市南岗区宣庆小区8号楼 150090）
网　　址：www.lsbook.com.cn
经　　销：全国新华书店
印　　装：北京一鑫印务有限责任公司
开　　本：787 mm×1092 mm　1/16
印　　张：5
字　　数：50千
书　　号：ISBN 978-7-5319-5626-6
版　　次：2017年12月第1版
印　　次：2021年8月第3次印刷
定　　价：35.00元